LOIS ET DÉCRETS

RELATIFS AUX

COMMISSARIATS DE POLICE.

EXTRAITS DU BULLETIN DES LOIS.

LOIS ET DÉCRETS

COMMISSARIATS DE POLICE.

EXTRAITS DU BULLETIN DES LOIS.

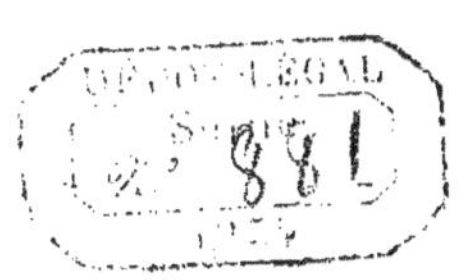

TABLE DES MATIERES.

PREMIÈRE PARTIE.

EXTRAITS

DU BULLETIN DES LOIS.

PREMIÈRE PARTIE.

LOI

SUR L'ÉTABLISSEMENT DE COMMISSAIRES DE POLICE, DONNÉE
A PARIS LE 29 SEPTEMBRE 1791.

(Décret de l'Assemblée nationale du 21 septembre 1791.)

(Année 1791. — Vol. 4, page 240.)

Art. 1ᶜʳ. Il sera établi par le Corps législatif des Commissaires de police dans toutes les villes du royaume où on les jugera nécessaires, après l'avis de l'administration du département.

Art. 2. Ces Commissaires veilleront au maintien et à l'exécution des lois de police municipale et correctionnelle, et ils pourront dresser les procès-verbaux en matière criminelle, conformément à ce qui sera dit ci-après. Les municipalités détermineront, selon les localités, et avec l'autorisation de l'administration du département sur l'avis de celle du district, le détail des fonctions qui pourront leur être attribuées dans l'ordre des pouvoirs propres ou délégués aux corps municipaux.

Art. 3. Dans les lieux où la loi n'aura pas déterminé le mode de la fixation de leur traitement, il sera fixé par le directoire de département, sur la demande de la municipalité et l'avis du directoire du district, et payé par la commune.

Art. 4. D'après les fonctions déléguées aux Juges de paix, les dispositions provisoires contenues aux articles XIV, XV et XVI du titre IV de l'organisation de la municipalité de Paris, demeurent abrogées en tout ce qui est contraire au décret sur la police municipale et correctionnelle et au présent décret.

Art. 5. Les Commissaires de police, lorsqu'ils en auront été requis, ou même d'office lorsqu'ils seront informés du délit, seront tenus de dresser les procès-verbaux tendant à constater le flagrant délit ou le corps du délit, encore qu'il n'y ait point eu de plainte rendue.

Art. 6. Ils pourront aussi être commis, soit en matière de police municipale, par les municipalités, soit en conséquence d'une plainte, par les Officiers de police de sûreté, ou par les Juges, pour dresser les procès-verbaux qui seront jugés nécessaires.

Art. 7. En cas d'effraction, assassinat, incendie, blessures ou autres délits laissant des traces après eux, les Commissaires de police seront tenus de dresser les procès-verbaux du corps du délit en présence des personnes saisies, lesquelles seront ensuite conduites chez le Juge de paix, sans néanmoins que les Commissaires de police puissent procéder aux informations.

Art. 8. Tous les Commissaires de police pourront dresser des procès-verbaux hors de l'étendue de leur territoire, pourvu que ce soit dans le territoire de la municipalité.

Art. 9. Dans le cas où il y aura procès-verbal dressé par les commissaires de police, ils en tiendront note sommaire sur un registre coté et paraphé par un des officiers municipaux. Ils transmettront au Juge de paix la minute même du procès-verbal, avec les objets volés, les pièces de conviction et la personne saisie. Les greffiers des Juges de paix donneront décharge du procès-verbal et des pièces.

LOI

Relative a l'établissement de vingt-quatre officiers de police, sous le nom d'*officiers de paix*, dans la ville de Paris.

(*Donnée à Paris, le* **29** *septembre* **1791.**)

(Décret de l'Assemblée nationale, du 21 septembre 1792.)

Art. Ier. Il sera établi à Paris vingt-quatre Officiers de police, sous le nom d'*Officiers de paix*, avec les fonctions ci-après :

Art. II. Les Officiers de paix seront chargés de veiller à la tranquillité publique, de se porter dans les endroits où elle sera troublée, d'arrêter les délinquants et de les conduire devant le Juge de paix.

Art. III. Ils seront nommés par les officiers municipaux, et leur service durera quatre ans.

Art. IV. Ils porteront pour marque distinctive un bâton blanc à la main ; ils diront à celui qu'ils arrêteront : « Je vous ordonne, au nom de la loi, de me suivre devant le Juge de paix. »

Art. V. Les citoyens seront tenus de leur prêter assistance à leur réquisition ; et ceux qui refuseront d'obéir aux Officiers de paix seront condamnés, pour cela seulement, à trois mois de détention.

Art. VI. Les Officiers de paix, pendant la nuit, pourront retenir les personnes arrêtées ; elles seront conduites au jour devant les commissaires de police s'il s'agit d'objets attribués à la municipalité.

Art. VII. S'il s'agit d'objets du ressort de la police correctionnelle ou de la police de sûreté, les Officiers de police conduiront les prévenus, soit devant le Juge de paix du district, soit devant le bureau central des Juges de paix.

Art. VIII. Les Officiers de paix ne pourront être destitués que par trois délibérations successives du bureau central des Juges de paix, prises à huit jours de distance l'une de l'autre.

Art. IX. Le traitement annuel des Officiers de paix sera de trois mille livres, aux frais de la commune.

Art. X. Les Gardes du commerce continueront provisoirement et personnellement à exercer les fonctions qui leur sont attribuées par la loi.

EXTRAIT DE LA LOI

DU 19 VENDÉMIAIRE AN IV (1792).

TITRE II.

ORGANISATION ADMINISTRATIVE ET DE POLICE.

Art. X. Il y aura des Commissaires de police dans les communes au-dessus de 5,000 habitants ; les communes au-dessous de 10,000 habitants n'auront qu'un Commissaire de police ; dans les communes au-dessus de 10,000 habitants, il en sera établi un par section.

Les Commissaires de police pourront exercer leurs fonctions dans toute l'étendue de la commune ou de la municipalité d'arrondissement à laquelle ils sont attachés.

ARRÊTÉ

CONCERNANT LA NOMINATION DES COMMISSAIRES DE POLICE ET DES OFFICIERS DE PAIX.

(Du 19 nivôse an VIII de la République une et indivisible.)

LES CONSULS DE LA RÉPUBLIQUE arrêtent ce qui suit :

Les Commissaires de police et les Officiers de paix seront

nommés par le premier Consul, sur la présentation du Ministre de la police générale.

EXTRAIT DE LA LOI

CONCERNANT LA DIVISION DU TERRITOIRE DE LA RÉPUBLIQUE ET L'ADMINISTRATION.

(Du 28 pluviôse an VIII de la République une et indivisible.)

(An VIII. — 3ᵉ série. — Vol. 24. — Loi nᵒ 115.)

ARTICLE 12. — § III. *Municipalités.*

Dans les villes, bourgs et autres lieux pour lesquels il y a maintenant un Agent municipal et un Adjoint, et dont la population n'excédera pas 2,500 habitants, il y aura un Maire et un Adjoint; dans les villes ou bourgs de 2,500 à 5,000 habitants, un Maire et deux Adjoints; dans les villes de 5,000 habitants à 10,000, un maire, deux adjoints et un Commissaire de police; dans les villes dont la population excédera 10,000 habitants, outre le Maire, deux Adjoints et un Commissaire de police, il y aura un Adjoint par 20,000 habitants d'excédant et un Commissaire par 10,000 d'excédant.

ARRÊTÉ

DU 17 VENTÔSE AN VIII.

« Art. 11. Le traitement des commissaires de police sera « déterminé par un règlement particulier, sur l'avis des Préfets. »

ARRÊTÉ

QUI FIXE LE TRAITEMENT DES COMMISSAIRES DE POLICE.

(Du 23 fructidor.)

(An IX. — 2e semestre. — Tome 26, page 378.)

LES CONSULS DE LA RÉPUBLIQUE, sur le rapport du Ministre de la police générale ;
Vu l'article XI de l'arrêté du 17 ventôse an VIII ;
Le Conseil d'Etat entendu ;

ARRÊTENT :

Art. 1er. Le traitement des Commissaires de police sera, à Paris, de 4,000 fr. ;
A Bordeaux, Lyon et Marseille, de 2,400 fr.
Art. 2. Dans les villes de 40,000 âmes et au-dessus, ce traitement sera de 1,800 fr. ;
De 1,500 fr. dans les villes de 25,000 âmes jusqu'à 40,000 ;
De 1,200 fr. dans celles de 15,000 âmes jusqu'à 25,000.
De 1,000 fr. dans celles de 10,000 âmes jusqu'à 15,000.
Art. 3. Les Commissaires de police, dans les villes nommées dans l'article 1er ou auxquelles s'appliquera l'article 11, seront payés de leur traitement à dater du jour de leur installation.
Art. 4. Dans les villes qui ont moins de 10,000 âmes de population, le traitement ne sera fixé définitivement par un règlement d'administration, que sur l'avis du Préfet, et après que le Conseil municipal de chaque commune aura émis son vœu.
Les Ministres de la police et de l'intérieur donneront, en conséquence, des ordres pour que les délibérations déjà prises à cet égard par les Conseils municipaux soient transmises sans délai, et que ceux qui n'ont pas encore été consultés le soient le plus tôt possible.
En attendant le règlement définitif, les Commissaires de police

désignés au présent article seront payés sur le même pied qu'ils l'ont été jusqu'à ce jour.

Art. 5. Les Conseils municipaux des villes au-dessus de 10,000 âmes pourront, nonobstant les dispositions du présent arrêté, faire au Gouvernement, sur la fixation du traitement de leurs Commissaires de police, telles observations qu'ils jugeront convenables; et s'ils émettent une opinion à cet égard, il en sera rendu compte au Gouvernement par les Ministres de l'intérieur et de la police.

Art. 6. Les Ministres de l'intérieur et de la police sont chargés de l'exécution du présent arrêté, qui sera inséré au *Bulletin des lois*.

Le premier Consul, signé BONAPARTE. — Par le premier Consul : *Le Secrétaire d'État*, signé HUGUES B. MARET. — *Le Ministre de la police générale,* signé FOUCHÉ.

EXTRAIT D'UN ARRÊTÉ

(N° 2621) RELATIF AUX DÉPENSES DES COMMUNES.

(*Du 17 germinal.*)

(An XI. — 2e semestre. — Vol. 31, page 94.)

Art. IV. Les Commissaires de police des villes dont la population est au-dessous de 10,000 habitants recevront un traitement qui ne pourra être au-dessus de huit cents francs.

DÉCRET IMPÉRIAL

(*Du 22 mars 1813.*)

NAPOLÉON, Empereur des Français, etc.;

Sur le rapport de notre Ministre de l'intérieur;

Notre Conseil d'Etat entendu,

Nous avons décrété et décrétons ce qui suit :

Art. 1er. Les traitements des Commissaires de police établis dans les villes ou communes ayant une population de cinq mille âmes et au-dessus, sont définitivement maintenus au taux fixé par les arrêtés du Gouvernement des 23 fructidor an IX et 17 germinal an XI.

Art. 2. Il est accordé, à compter du 1er janvier 1813, à ces Commissaires, une indemnité à titre de frais de bureau, laquelle est réglée d'après les bases suivantes, savoir :

Dans la ville de Paris, à deux mille francs, y compris toutes les indemnités que ces Commissaires recevaient jusqu'à présent, à titre de frais de bureau;

Dans les villes de cent mille habitants, à huit cents francs;

De quarante mille et au-dessus, à six cents francs;

De vingt-cinq à quarante mille, à quatre cent cinquante francs;

De quinze à vingt-cinq mille, à trois cent cinquante francs;

De dix à quinze mille, à deux cent cinquante francs;

Au-dessous de dix mille, à deux cents francs,

Art. 3. Cette indemnité sera acquittée pour 1813, dans les villes dont les budgets sont réglés, soit sur le fonds des dépenses imprévues, soit sur l'excédant du budget, soit sur les économies, et sauf rappel, dans ces deux derniers cas, au budget de 1814.

Art. 4. A l'avenir, cette indemnité sera l'objet d'un crédit spécial au chapitre 2 des dépenses ordinaires.

Art. 5. Les traitements actuels qui seraient supérieurs aux bases fixées par les arrêtés du Gouvernement des 23 fructidor an **IX** et **17** germinal an **XI**, seront établis d'après ces bases, les sommes que ces Commissaires reçoivent en sus, continueront de leur être accordées à titre d'indemnité de frais de bureau. Si ces sommes sont inférieures à l'indemnité fixée par l'article 2 ci-dessus, il leur sera tenu compte de la différence.

Art. 6. Les traitements actuels qui seraient inférieurs aux bases fixées par les arrêtés cités du Gouvernement, ne seront augmentés que sur la proposition nécessaire du Conseil municipal et l'avis des Sous-Préfets et Préfets.

Art. 7. Notre Ministre de l'intérieur est chargé de l'exécution du présent décret.

Signé **NAPOLÉON.**

Par l'Empereur, etc.

LOI

du 18 juillet 1837.

TITRE III.

DES DÉPENSES ET RECETTES, ET DES BUDGETS DES COMMUNES.

« Art. 30. Les dépenses des communes sont obligatoires ou
« facultatives. — Sont obligatoires les dépenses suivantes :
« 1° ..... etc...... ; 8° le traitement et les frais de bureau des
« commissaires de police, tels qu'ils sont déterminés par les lois ;
« 9° Les pensions des employés municipaux et des commissaires
« de police, régulièrement liquidées et approuvées. »

DÉCRET

SUR LES COMMISSARIATS DE POLICE.

(*Du 28 mars 1852.*)

(Bulletin des lois, 10ᵉ série. — An 1852. — 1ᵉʳ trimestre, n° 3945,
page 958.)

LOUIS-NAPOLÉON, Président de la République Française,

Vu la loi du 28 pluviôse an VIII ;

Considérant que le système des Commissariats de police établi par cette loi ne répond plus suffisamment au besoin du service public ; que le maintien de l'ordre et de la sécurité exige que la surveillance des Commissaires de police reçoive une plus grande étendue ;

Sur le rapport du Ministre de la police générale,

Décrète :

Art. 1ᵉʳ. Dans tout canton où il existe un ou plusieurs Commissaires de police, la juridiction de ces magistrats pourra être étendue à tout ou partie des communes composant ce canton.

Art. 2. Lorsque le besoin s'en fera sentir, il pourra être établi dans les cantons où il n'en existe pas un Commissaire de police dont la juridiction s'étendra à toutes les communes de ce canton et qui, sauf les exceptions autorisées, résidera au chef-lieu.

Art. 3. Le Commissaire de police pourra requérir, au besoin, les gardes champêtres et les gardes forestiers de son canton. Ces gardes devront l'informer de tout ce qui intéressera la tranquillité publique.

Art. 4. Il pourra exercer ses fonctions hors de son ressort

dans les seuls cas prévus par l'article 464 du Code d'instruction criminelle.

Art. 5. Les Commissaires de police seront répartis en cinq classes dont les traitements seront fixés par un règlement d'administration publique.

Ils pourront recevoir des frais de bureau qui varieront du dixième au cinquième de leurs traitements.

Art. 6. Les Commissaires de police des villes de 6,000 âmes et au-dessous seront nommés par les Préfets sur une liste de trois candidats arrêtée par l'inspecteur général du Ministère de la police générale.

La révocation, pour être définitive, devra être approuvée par le Ministre.

Les Commissaires de police des villes au-dessus de 6,000 âmes continueront à être nommés par le Prince-Président de la République, sur la proposition du Ministre de la police générale.

Art. 7. Les chefs-lieux de canton qui ne sont pas pourvus de Commissaire de police ou la commune désignée pour sa résidence, seront tenus de contribuer au traitement de ces agents au moyen d'un contingent qui ne sera pas moindre de

Trois cents francs pour les chefs-lieux au-dessous de 1,500 habitants;

Cinq cents francs pour les chefs-lieux ayant de 1,500 à 3,000 habitants;

Six cents francs pour les chefs-lieux ayant de 3,000 à 5,000 habitants.

Les traitements actuellement alloués et les contingents déterminés suivant les propositions précédentes pourront être répartis entre les chefs-lieux et les autres communes du canton dont les ressources permettent d'y participer. La répartition sera réglée par le Préfet en Conseil de préfecture.

Le Ministre désignera successivement ceux des cantons qui devront être chaque année pourvus d'un Commissaire de police.

Art. 8. L'Etat interviendra dans le surplus de la dépense pour porter les traitements aux taux qui seront indiqués par le règlement ci-dessus énoncé.

Art. 9. Pour l'exercice 1852, le montant de la dépense sera prélevé sur les fonds du budget du ministère de la police générale de cet exercice.

Art. 10. Le Ministre de la police générale est chargé de l'exécution du présent décret, qui sera inséré au *Bulletin des lois.*

Fait au palais des Tuileries, le 28 mars 1852.

Signé NAPOLÉON.

Par le Prince-Président :

Le Ministre de la police générale,
Signé DE MAUPAS.

Certifié conforme :

Paris, le 12 avril 1852.

Le Garde des sceaux Ministre secrétaire d'État au département de la justice,

Signé ABBATUCCI.

DÉCRET

RELATIF AU COSTUME DES COMMISSAIRES DE POLICE,

(Du 31 août 1852.)

LOUIS-NAPOLÉON, PRÉSIDENT DE LA RÉPUBLIQUE,

Sur le rapport du Ministre de la police générale ;

Vu l'arrêté des Consuls du 17 floréal an VIII qui règle le costume des Sous-Préfets, Maires et Commissaires de police ;

Vu le décret du 28 mars 1852, qui établit sur de nouvelles bases l'institution des Commissaires de police,

DÉCRÈTE :

Art. 1er. Le costume des Commissaires de police est réglé ainsi qu'il suit :

1º Commissaires de police de la ville de Paris et Commissaires centraux des départements :

Habit bleu, broderie à trois rangs en argent, au collet, parements, écusson, conformes au dessin A joint au présent décret. Boutons à l'aigle.

Le chef de la police municipale de Paris portera en sus les pattes brodées.

2º Commissaires de police de chef-lieu de département et banlieue de Paris :

Broderie à deux rangs au collet, parements et écusson.

3º Commissaires d'arrondissement et de chef-lieu de canton au-dessus de 6,000 âmes :

Broderie à deux rangs au collet et parements.

4º Commissaires de canton :

Broderie à deux rangs au collet, baguette aux parements.

Les commissaires de police porteront :

Un gilet de piqué blanc ;

Un pantalon uni bleu ;

Une écharpe tricolore avec franges en argent à petites torsades, pour la première classe, et en soie blanche pour les trois autres ;

Une épée à poignée noire, garde argentée ;

Un chapeau à la française avec ganse brodée pour la première classe, plume noire pour les Commissaires de police de la ville de Paris, et avec torsade en argent pour les trois autres.

Art. 2. Le Ministre de la police générale est chargé de l'exécution du présent décret, qui sera inséré au *Bulletin des lois*.

Fait au château de Saint-Cloud, le 31 août 1852.

Signé LOUIS-NAPOLÉON.

Le Ministre de la police générale,
Signé DE MAUPAS.

DEUXIÈME PARTIE

POUVOIRS DU PRÉFET DE POLICE.

ARRÊTÉ

QUI DÉTERMINE LES FONCTIONS DU PRÉFET DE POLICE.

(Du 12 messidor an VIII de la République une et indivisible.)

LES CONSULS DE LA RÉPUBLIQUE, sur le rapport du Ministre de la police ; le Conseil d'Etat entendu,

ARRÊTENT :

SECTION Ire.

DISPOSITIONS GÉNÉRALES.

Art. Ier. Le Préfet de police exercera ses fonctions, ainsi qu'elles sont déterminées ci-après, sous l'autorité immédiate des Ministres ; il correspondra directement avec eux pour les objets qui dépendent de leurs départements respectifs.

Art. II. Le Préfet de police pourra publier de nouveau les

lois et règlements de police, et rendre les ordonnances tendant à en assurer l'exécution.

SECTION II.

POLICE GÉNÉRALE.

Passe-ports.

Art. III. Il délivrera les passe-ports pour voyager de Paris dans l'intérieur de la République.

Il visera les passe-ports des voyageurs.

Les militaires ou marins qui auront obtenu des congés limités ou absolus, et qui voudront résider ou séjourner à Paris, seront tenus, indépendamment des formalités prescrites par les règlements militaires, de faire viser leurs permissions ou congés par le préfet de police.

Cartes de sûreté.

Art. IV. Il délivrera les cartes de sûreté et d'hospitalité.

S'il a besoin, à cet effet, de renseignements, il pourra faire prendre communication par les commissaires de police, ou demander des extraits des registres civiques, des tableaux de population que tiennent les municipalités, et des états d'indigents : les bureaux de bienfaisance lui donneront copie de leurs états de distribution.

Permission de séjourner à Paris.

Art. V. Il accordera les permissions de séjour aux voyageurs qui veulent résider à Paris plus de trois jours.

Mendicité, vagabondage.

Il fera exécuter les lois sur la mendicité et le vagabondage.

En conséquence, il pourra envoyer les mendiants, vagabonds et gens sans aveu, aux maisons de détention, même à celles qui sont hors de Paris, dans l'enceinte du département de la Seine.

Dans ce dernier cas, les individus détenus par ordre du Préfet de police ne pourront être mis en liberté que d'après son autorisation.

Il fera délivrer, s'il y a lieu, aux indigents sans travail, qui veulent retourner dans leur domicile, les secours autorisés par la loi du 13 juin 1790.

Police des prisons.

Art. VI. Le Préfet de police aura la police des prisons, maisons d'arrêt, de justice, de force et de correction de la ville de Paris.

Il continuera de l'exercer dans la maison de Bicêtre.

Il aura la nomination des concierges, gardiens et guichetiers de ces maisons.

Il délivrera les permissions de communiquer avec les détenus pour fait de police.

Il fera délivrer aux détenus indigents, à l'expiration du temps de détention porté en leurs jugements, les secours pour se rendre à leur domicile, suivant l'arrêté du 23 vendémiaire an V.

Maisons publiques.

Art. VII. Il fera exécuter les lois et règlements de police concernant les hôtels garnis et les logeurs.

Art. VIII. Il se conformera, pour ce qui regarde la police des maisons de jeu, à ce qui est prescrit par la loi du 22 juillet 1791.

Art. IX. En conformité de la même loi du 22 juillet 1791, il fera surveiller les maisons de débauche, ceux qui y résideront ou s'y trouveront.

Attroupements.

Art. X. Il prendra les mesures propres à prévenir ou dissiper les attroupements, les coalitions d'ouvriers pour cesser leur travail ou enchérir le prix des journées, les réunions tumultueuses ou menaçant la tranquillité publique.

Police de la librairie et imprimerie.

Art. XI. Il fera exécuter les lois de police sur l'imprimerie et la librairie, en tout ce qui concerne les offenses faites aux mœurs et à l'honnêteté publique.

Police des théâtres.

Art. XII. Il aura la police des théâtres en ce qui touche la sûreté des personnes, les précautions à prendre pour prévenir les accidents, et assurer le maintien de la tranquillité et du bon ordre tant au dedans qu'au dehors.

Vente de poudres et salpêtres.

Art. XIII. Il surveillera la distribution et la vente des poudres et salpêtres.

Émigrés.

Art. XIV. Il fera exécuter, en ce qui concerne la police, les lois relatives aux émigrés.

Art. XV. Il délivrera les certificats de résidence.

Art. XVI. Il délivrera les actes de notoriété aux citoyens qui ont voyagé ou séjourné en pays étranger, et qui réclament les exceptions portées par l'article II de la loi du 25 brumaire an III.

Cultes.

Art. XVII. Il recevra les déclarations des ministres des cultes et leur promesse de fidélité à la Constitution de l'an VIII, ordonnée par la loi, même lorsqu'ils n'auraient pas prêté les serments prescrits par les lois antérieures.

Il surveillera les lieux où on se réunit pour l'exercice des cultes.

Port d'armes.

Art. XVIII. Il recevra les déclarations et délivrera les permissions pour port d'armes à feu, pour l'entrée et sortie de Paris des fusils de chasse.

Recherche des déserteurs.

Art. XIX. Il fera faire la recherche dés militaires ou marins déserteurs, et des prisonniers de guerre évadés.

Fêtes républicaines.

Art. XX. Il fera observer les lois et arrêtés sur les fêtes républicaines.

SECTION III.

POLICE MUNICIPALE.

Petite voirie.

Art. XXI. Le Préfet de police sera chargé de tout ce qui a rapport à la petite voirie, sauf le recours au Ministre de l'intérieur contre ses décisions.

Il aura à cet effet, sous ses ordres, un Commissaire chargé de surveiller, permettre ou défendre :

L'ouverture des boutiques, étaux de boucherie et de charcuterie ;

L'établissement des auvents ou constructions du même genre qui prennent sur la voie publique ;

L'établissement des échoppes ou étalages mobiles ;

D'ordonner la démolition ou réparation des bâtiments menaçant ruine.

Liberté et sûreté de la voie publique.

Art. XXII. Le Préfet de police procurera la liberté de la voie publique, et sera chargé à cet effet,

D'empêcher que personne n'y commette de dégradation ;

De la faire éclairer ;

De faire surveiller le balayage auquel les habitants sont tenus devant leurs maisons, et de le faire faire aux frais de la ville dans les places et la circonférence des jardins et édifices publics ;

De faire sabler, s'il survient du verglas, et de déblayer, au dégel, les ponts et lieux glissants des rues ;

D'empêcher qu'on n'expose rien sur les toits ou fenêtres qui puisse blesser les passants en tombant.

Il fera observer les règlements sur l'établissement des conduits pour les eaux de pluie et les gouttières.

Il empêchera qu'on n'y laisse vaguer des furieux, des insensés, des animaux malfaisants ou dangereux ;

Qu'on ne blesse les citoyens par la marche trop rapide des chevaux ou des voitures ;

Qu'on n'obstrue la libre circulation, en arrêtant ou déchargeant des voitures et marchandises devant les maisons, dans les rues étroites, ou de toute autre manière.

Le Préfet de police fera effectuer l'enlèvement des boues, matières malsaines, neiges, glaces, décombres, vases sur les bords de la rivière après la crue des eaux ;

Il fera faire les arrosements dans la ville, dans les lieux et dans la saison convenables.

Salubrité de la cité.

Art. **XXIII.** Il assurera la salubrité de la ville :

En prenant des mesures pour prévenir et arrêter les épidémies, les épizooties, les maladies contagieuses ;

En faisant observer les règlements de police sur les inhumations ;

En faisant enfouir les cadavres d'animaux morts, surveiller les fosses vétérinaires, la construction, entretien et vidange des fosses d'aisance ;

En faisant arrêter, visiter les animaux suspects de mal contagieux, et mettre à mort ceux qui en seront atteints ;

En surveillant les échaudoirs, fondoirs, salles de dissection, et la basse geôle ;

En empêchant d'établir dans l'intérieur de Paris des ateliers, manufactures, laboratoires ou maisons de santé, qui doivent être hors de l'enceinte des villes, selon les lois et règlements ;

En empêchant qu'on ne jette ou dépose dans les rues aucune substance malsaine ;

En faisant saisir ou détruire dans les halles, marchés et boutiques, chez les bouchers, boulangers, marchands de vin, bras-
seurs, limonadiers, épiciers-droguistes, apothicaires, ou tous
autres, les comestibles ou médicaments gâtés, corrompus ou
nuisibles.

Incendie, débordements, accidents sur la rivière.

Art. XXIV. Il sera chargé de prendre les mesures propres à
prévenir ou arrêter les incendies.

Il donnera des ordres aux pompiers, requerra les ouvriers
charpentiers, couvreurs, requerra la force publique et en déterminera l'emploi.

Il aura la surveillance du corps des pompiers; le placement et
la distribution des corps de garde et magasins des pompes, réservoirs, tonneaux, seaux à incendies, machines et ustensiles de
tout genre destinés à les arrêter.

En cas de débordements et débâcles, il ordonnera les mesures
de précautions, telles que déménagement des maisons menacées,
rupture de glaces, garage de bateaux.

Il sera chargé de faire administrer les secours aux noyés.

Il déterminera à cet effet le placement des boîtes fumigatoires
et autres moyens de secours.

Il accordera et fera payer les gratifications et récompenses
promises par les lois et règlements à ceux qui retirent les noyés
de l'eau.

Police de la Bourse et du change.

Art. XXV. Il aura la police de la Bourse et des lieux publics
où se réunissent les agents de change, courtiers, échangeurs, et
ceux qui négocient et trafiquent sur les effets publics.

Sûreté du commerce.

Art. XXVI. Il procurera la sûreté du commerce, en faisant
faire des visites chez les fabricants et les marchands, pour véri-
fier les balances, poids et mesures, et faire saisir ceux qui ne
seront pas exacts ou étalonnés;

En faisant inspecter les magasins, boutiques et ateliers des orfèvres et bijoutiers, pour assurer la marque des matières d'or et d'argent, et l'exécution des lois sur la garantie.

Indépendamment de ses fonctions ordinaires sur les poids et mesures, le Préfet de police fera exécuter les lois qui prescrivent l'emploi des nouveaux poids et mesures.

Taxes et mercuriales.

Art. XXVII. Il fera observer les taxes légalement faites et publiées.

Art. XXVIII. Il fera tenir les registres des mercuriales et constater le cours des denrées de première nécessité.

Libre circulation des subsistances.

Art. XXIX. Il assurera la libre circulation des subsistances suivant les lois.

Patentes.

Art. XXX. Il exigera la représentation des patentes des marchands forains.

Il pourra se faire représenter les patentes des marchands domiciliés.

Marchandises prohibées.

Art. XXXI. Il fera saisir les marchandises prohibées par les lois.

Surveillance des places et lieux publics.

Art. XXXII. Il fera surveiller spécialement les foires, marchés, halles et places publiques, et les marchands forains, colporteurs, revendeurs, portefaix, commissionnaires ;

La rivière, les chemins de hallage, les ports, chantiers, quais, berges, gares, estacades, les coches, galiotes, les établissements qui sont sur la rivière, pour les blanchisseries, le laminage ou autres travaux, les magasins de charbon, les passages-d'eau, bacs, batelets, les bains publics, les écoles de natation, et

les mariniers, ouvriers, arrimeurs, chargeurs, déchargeurs, ti-
reurs de bois, pêcheurs et blanchisseurs;

Les abreuvoirs, puisoirs, fontaines, pompes, et les porteurs
d'eau;

Les places où se tiennent les voitures publiques pour la ville
et pour la campagne, et les cochers, postillons, charretiers,
brouetteurs, porteurs de chaise, porte-falots;

Les encans et maisons de prêt du monts-de-piété, et les frip-
piers, brocanteurs, prêteurs sur gage;

Le bureau des nourrices, les nourrices et les meneurs.

Approvisionnements.

Art. XXXIII. Il fera inspecter les marchés, ports et lieux
d'arrivage des comestibles, boissons et denrées, dans l'intérieur
de la ville.

Il continuera de faire inspecter, comme par le passé, les marchés où se vendent les bestiaux pour l'approvisionnement de
Paris, à Sceaux, Poissy, La Chapelle et Saint-Denis.

Il rendra compte au Ministre de l'intérieur, des connaissances
qu'il aura recueillies, par ses inspections, sur l'état des approvisionnements de la ville de Paris.

Protection et préservation des monuments et édifices publics.

Art. XXXIV. Il fera veiller à ce que personne n'altère ou
dégrade les monuments et édifices publics appartenant à la na-
tion ou à la cité.

Il indiquera au préfet du département et requerra les réparations, changements ou constructions qu'il croira nécessaires à la
sûreté ou salubrité des prisons et maisons de détention qui seront
sous sa surveillance.

Il requerra aussi, quand il y aura lieu, les réparations et l'entretien des corps de garde de la force armée sédentaire;

Des corps de garde des pompiers, des pompes, machines et
ustensiles;

Des halles et marchés;

Des voiries et égouts;

Des fontaines, regards, aqueducs, conduits, pompes à feu et
autres;

Des murs de clôture ;

Des carrières sous la ville et hors les murs ;

Des ports, quais, abreuvoirs, bords, francs-bords, puisoirs, gares, estacades, et des établissements et machines placés près de la rivière pour porter secours aux noyés ;

De la Bourse ;

Des temples ou églises destinés aux cultes.

SECTION IV.

DES AGENTS QUI SONT SUBORDONNÉS AU PRÉFET DE POLICE, DE CEUX QU'IL PEUT REQUÉRIR OU EMPLOYER.

Art. XXXV. Le Préfet de police aura sous ses ordres,

Les commissaires de police,

Les officiers de paix,

Le commissaire de police de la Bourse,

Le commissaire chargé de la petite voirie,

Les commissaires et inspecteurs des halles et marchés,

Les inspecteurs des ports.

Art. XXXVI. Il aura à sa disposition, pour l'exercice de la police, la garde nationale et la gendarmerie.

Il pourra requérir la force armée en activité.

Il correspondra, pour le service de la garde nationale, pour la distribution des corps de garde de la ville de Paris, avec le commandant militaire de Paris, et le commandant de la dix-septième division militaire.

Art. XXXVII. Les commissaires de police exerceront, aux termes de la loi, le droit de décerner des mandats d'amener, et auront, au surplus, tous les droits qui leur sont attribués par la loi du 3 brumaire an IV, et par les dispositions de celle du 28 juillet 1791 qui ne sont pas abrogées.

Ils exerceront la police judiciaire pour tous les délits dont la peine n'excède pas trois jours de prison et une amende de trois journées de travail.

Ils seront chargés de rechercher les délits de cette nature ;

D'en recevoir la dénonciation ou la plainte ;

D'en dresser procès-verbal ;

D'en recueillir les preuves ;

De poursuivre les prévenus au tribunal de police municipale.

Ils rempliront, à cet égard, les fonctions précédemment attribuées aux commissaires du Gouvernement.

Le commissaire qui aura dressé le procès-verbal, reçu la dénonciation ou la plainte, sera chargé, selon la loi du 27 ventôse, des fonctions de la partie publique.

En cas d'empêchement, il sera remplacé par l'un de ses trois collègues, du même arrondissement, et, au besoin, par un commissaire d'un autre arrondissement, désigné par le Préfet de police.

Art. XXXVIII. Le Préfet de police et ses agents pourront faire saisir et traduire aux tribunaux de police correctionnelle les personnes prévenues de délits du ressort de ces tribunaux.

Art. XXXIX. Ils pourront faire saisir et remettre aux officiers chargés de l'administration de la justice criminelle les individus surpris en flagrant délit, arrêtés à la clameur publique, ou prévenus de délits qui sont du ressort de la justice criminelle.

SECTION V.

RECETTE, DÉPENSE, COMPTABILITÉ.

Art. XL. Le Préfet de police ordonnera, sous l'autorité du Ministre de l'intérieur, les dépenses de réparation et entretien à faire à l'hôtel de la Préfecture de police.

Art. XLI. Il sera chargé, sous les ordres du Ministre de l'intérieur, de faire les marchés, baux, adjudications et dépenses nécessaires pour le balayage, l'enlèvement des boues, l'arrosage et l'illumination de la ville.

Art. XLII. Il sera chargé de même de régler et arrêter les dépenses pour les visites d'officiers de santé et artistes vétérinaires, transport de malades et blessés, transport de cadavres, retrait des noyés, et frais de fourrière.

Art. XLIII. Il ordonnera les dépenses extraordinaires en cas d'incendies, débordements et débâcles.

Art. XLIV. Il réglera, sous l'autorité du Ministre de la police, le nombre et le traitement des employés de ses bureaux, et de ceux des agents sous ses ordres, qui ne sont pas institués et dont le nombre n'est pas déterminé par les lois.

Art. XLV. Les dépenses générales de la Préfecture de police, ainsi fixées par les Ministres de l'intérieur et de la police, seront acquittées sur les centimes additionnels aux contributions et sur les autres revenus de la commune de Paris, et ordonnancées par le Préfet de police.

Le conseil général de département en emploiera, à cet effet, le montant dans l'état des dépenses générales de la commune de Paris.

Art. XLVI. Il sera ouvert, en conséquence, au Préfet de police, un crédit annuel du montant de ses dépenses, sur la caisse du receveur général du département de la Seine faisant les fonctions de receveur de la ville de Paris.

Art. XLVII. Le Ministre de l'intérieur mettra, chaque mois, à la disposition du Préfet de police sur ce crédit, les fonds nécessaires pour l'acquit de ses ordonnances.

Art. XLVIII. Le Préfet de police aura entrée au conseil général de département, pour y présenter ses états de dépense de l'année, tels qu'ils auront été réglés par les Ministres de l'intérieur et de la police.

Art. XLIX. Il y présentera aussi le compte des dépenses de l'année précédente, conformément aux dispositions de la loi du 28 pluviôse, sur les dépenses communales et départementales.

SECTION VI.

COSTUMES DU PRÉFET DE POLICE ET DE SES AGENTS.

Art. L. Le Préfet et les commissaires de police porteront le costume qui a été réglé par les arrêtés des Consuls.

Les Ministres de l'intérieur et de la police sont chargés de l'exécution du présent règlement, qui sera inséré au *Bulletin des lois*.

Signé, etc.

ARRÊTÉ DES CONSULS

DU 3 BRUMAIRE AN IX.

LES CONSULS DE LA RÉPUBLIQUE, le Conseil d'Etat entendu,

ARRÊTENT :

Art. Ier. Le Préfet de police de Paris exercera son autorité dans toute l'étendue du département de la Seine et dans les communes de Saint-Cloud, Meudon et Sèvres, du département de Seine-et-Oise, en ce qui touche les fonctions qui lui sont attribuées par l'arrêté des Consuls du 12 messidor an VIII,

Art. v, sur la mendicité et le vagabondage ;

— vi, § 1, 2 et 3, sur la police des prisons ;

— vii, viii et ix, sur les maisons publiques ;

— x, sur les attroupements ;

— xi, sur la librairie et l'imprimerie ;

— xiii, sur les poudres et salpêtres ;

— xiv, sur les émigrés ;

— xix, sur la recherche des militaires et marins déserteurs, prisonniers de guerre, mais par droit de suite lorsqu'ils se seront réfugiés de Paris dans les autres communes du département ;

Art. xxiii, sur la salubrité ;

— xxiv, § 4, sur les débordements et débâcles ;

— xxvi, sur la sûreté du commerce ;

— xxxii, § 1, 2, 3, sur la surveillance des places, lieux publics ;

Art. xxxiii, sur les approvisionnements.

Art. II. Le Préfet de police aura à cet effet sous ses ordres, pour cette partie de ses attributions seulement, les maires et adjoint des communes et les commissaires de police dans les lieux où il y en a d'établis ; il correspondra avec eux directement ou par l'intermédiaire des officiers publics sous ses ordres ; et il pourra requérir immédiatement, ou par ses agents, l'assistance de la garde nationale desdites communes.

Art. III. Le Préfet de police remplacera le Préfet du département de la Seine, pour la délivrance des passe-ports à l'étranger.

Art. IV. Les Ministres de l'intérieur et de la police sont chargés de l'exécution du présent arrêté, *qui sera imprimé au Bulletin des lois.*

Signé, etc.

ORDONNANCE DU ROI

QUI DIVISE EN DEUX CLASSES LES COMMISSARIATS DE POLICE DE PARIS.

(31 *août —*17 *septembre* 1830.)

Art. 1ᵉʳ. Les quarante-huit commissariats de police établis pour les divers quartiers de Paris sont divisés en vingt-huit commissariats de première classe et vingt de seconde classe.

Art. 2. Le Préfet de police désignera ceux de ces commissariats qui feront partie de la première classe et ceux qui appartiendront à la seconde. — Cette désignation sera renouvelée, s'il y a lieu, de cinq ans en cinq ans.

Art. 3. Un traitement de 6,000 fr. et une indemnité de 1,500 fr. pour frais de bureau sont affectés aux commissariats de police de première classe.

Un traitement de 4,500 fr. et une indemnité de 1,200 fr. pour frais de bureau sont affectés aux commissariats de police de seconde classe.

Art. 4. Nul ne pourra être nommé à un commissariat de police de première classe, s'il n'a exercé, pendant deux ans au moins, dans un ou plusieurs commissariats de seconde classe.

Art. 5. La réduction résultant de l'article 3 ne s'appliquera pas aux Commissaires en exercice antérieurement à notre ordonnance du 18 de ce mois.

LOI

QUI AUTORISE LE PRÉFET DE POLICE DE PARIS A EXERCER, DANS TOUTES LES COMMUNES DU DÉPARTEMENT DE LA SEINE, LES FONCTIONS QUI LUI SONT DÉFÉRÉES PAR L'ARRÉTÉ DU 12 MESSIDOR AN VIII.

(*Paris, le 10 juin 1853.*)

NAPOLÉON, par la grâce de Dieu et la volonté nationale, à tous présents et à venir, salut,

AVONS SANCTIONNÉ ET SANCTIONNONS, PROMULGUÉ ET PROMULGUONS CE QUI SUIT :

LOI.

Extrait du procès-verbal du Corps législatif.

Le Corps législatif a adopté le projet de loi dont la teneur suit :

Art. Ier. Le Préfet de police de Paris exercera dans toutes les communes du département de la Seine les fonctions qui lui sont déférées par l'arrêté des Consuls du 12 messidor an **VIII**.

Art. II. Toutefois, les Maires des communes du département de la Seine resteront chargés, sous la surveillance du Préfet de la Seine, et sans préjudice des attributions, tant générales que spéciales, qui leur sont conférées par les lois, de tout ce qui concerne la petite voirie, la liberté et la sûreté de la voie publique, l'établissement, l'entretien et la conservation des édifices communaux, cimetières, promenades, places, rues et voies publiques ne dépendant pas de la grande voirie, l'éclairage, le balayage, les arrosements, la solidité et la salubrité des constructions privées, les mesures relatives aux incendies, les secours aux noyés, la fixation des mercuriales, l'établissement et la réparation des fontaines, aqueducs, pompes et égouts, les adjudications, marchés et baux.

Art. III. Un décret déterminera le nombre et le traitement des Commissaires de police et des agents nécessaires pour la surveillance des communes du département de la Seine (Paris excepté).

La proportion dans laquelle chaque commune participera aux dépenses du service sera fixée par le Préfet du département de la Seine en conseil de préfecture.

TROISIÈME PARTIE

AGGLOMÉRATION LYONNAISE.

LOI

RELATIVE A L'AGGLOMÉRATION LYONNAISE.

(Du 19 juin 1851.)

L'Assemblée Nationale a adopté d'urgence la loi dont la teneur suit :

Art. Ier. A dater de la promulgation de la présente loi, le Préfet du Rhône remplira, dans les communes de Lyon, la Guillotière, la Croix-Rousse, Vaise, Caluire, Oullins et Sainte-Foy, les fonctions de Préfet de police, telles qu'elles sont réglées par les dispositions actuellement en vigueur de l'arrêté des Consuls du 12 messidor an VIII.

Art. II. Toutefois, les Maires desdites communes resteront chargés sous la surveillance du Préfet, et sans préjudice des attributions, tant générales que spéciales, qui leur sont conférées par les lois, de tout ce qui concerne l'établissement, l'entretien et la conservation des édifices communaux, cimetières, promenades, places, rues et voies publiques ne dépendant pas de la grande voirie, l'éclairage, le balayage, les arrosements, la solidité et la salubrité des constructions privées, les mesures relatives aux incendies, les secours aux noyés, la fixation des mercuriales, l'établissement et la réparation des fontaines, aqueducs, pompes et égouts, les adjudications, marchés et baux.

Les agents placés sous la surveillance des Maires pourront être assermentés. Ils prêteront serment devant le tribunal civil de l'arrondissement dans lequel ils exerceront leurs fonctions.

Art. III. Le Préfet du Rhône remplira dans les communes de Villeurbane, Vaux, Bron et Venissieux, du département de l'Isère, dans celles de Rillieux et Miribel, du département de l'Ain, les fonctions qui ont été déférées au Préfet de police par le décret du 3 brumaire an IX, à l'exception de celles réservées à l'autorité municipale par l'article précédent.

Art. IV. Les attributions réservées aux Maires, dans les communes énumérées dans les articles Ier et III de la présente loi, seront déterminées par un règlement d'administration publique. Le même règlement fixera la proportion d'après laquelle lesdites communes participeront aux dépenses restant à leur charge.

Art. V. Il est créé dans le département du Rhône deux secrétaires généraux, l'un pour l'administration, l'autre pour la police.

Délibéré en séance publique, à Paris, le 19 juin 1851.

Signé, etc.

La présente loi sera promulguée et scellée du sceau de l'État.

RÈGLEMENT D'ADMINISTRATION PUBLIQUE

RELATIF A L'AGGLOMÉRATION LYONNAISE.

(*4 septembre* 1851.)

AU NOM DU PEUPLE FRANÇAIS.

Le PRÉSIDENT DE LA RÉPUBLIQUE,

Sur le rapport du Ministre de l'intérieur ;

Vu la loi du 19 juin 1851, relative à l'organisation de la police dans les communes composant l'agglomération lyonnaise ;

Vu les arrêtés des Consuls des 12 messidor an VIII et 3 brumaire an IX ;

Le Conseil d'État entendu,

DÉCRÈTE :

Art. 1er. Les Maires de Lyon, La Guillotière, La Croix-Rousse, Vaise, Caluire, Oullins et Sainte-Foy continuent d'être chargés des attributions suivantes :

Art. 2. Ils surveillent, permettent ou défendent l'établissement des boutiques, étaux, auvents ou constructions de même genre qui prennent sur la voie publique ; l'établissement des échoppes ou étalages mobiles.

Ils prennent, conformément aux lois et règlements, les arrêtés relatifs au nombre et à la durée des marchés, aux places où ils se tiennent et aux lieux d'arrivage des denrées.

Ils surveillent les marchés dans l'intérêt de la perception des droits et de la salubrité des denrées.

Ils surveillent les établissements sur les rivières, les bains publics, les écoles de natation et les abreuvoirs.

Ils sont chargés, s'il y a lieu :

De pourvoir à l'éclairage de la voie publique ;

De faire surveiller le balayage auquel les habitants sont tenus devant leurs maisons, et de le faire opérer aux frais de la commune, dans les places et la circonférence des jardins et édifices publics ;

De prescrire les arrosements dans la commune, dans les lieux et la saison convenables ;

De faire sabler, s'il survient du verglas, et déblayer, au dégel, les ponts et lieux glissants des rues ;

De faire effectuer l'enlèvement des boues, matières malsaines, neiges, glaces, décombres, vases sur les bords de la rivière, après la crue des eaux.

Ils sont également chargés, dans l'intérêt de la salubrité de la commune, de faire observer les lois et règlements sur les inhumations, de surveiller la construction, l'entretien et la vidange des fosses d'aisance et d'empêcher qu'on ne jette sur la voie publique aucune substance malsaine.

Art. 3. Ils sont chargés d'ordonner la démolition ou réparation des bâtiments menaçant ruine et de prendre les mesures propres à assurer la salubrité des habitations.

Art. 4. Ils veillent à ce qu'il ne soit fait aucune entreprise sur les aqueducs, égouts, puisards, pompes et fontaines.

Ils assurent le libre écoulement des eaux ménagères et autres.

Ils font observer les règlements sur l'établissement des conduits pour les eaux de puits et les gouttières.

Art. 5. Ils veillent à ce que personne ne dégrade la voie publique et les monuments ou édifices communaux.

Art. 6. Ils sont chargés de prendre les mesures propres à prévenir ou à arrêter les incendies.

Ils requièrent, à cet effet, la force publique et en déterminent l'emploi ; ils donnent des ordres aux pompiers, requièrent les ouvriers charpentiers, couvreurs et autres.

Ils ont la surveillance des corps de pompiers, le placement et la distribution des corps de garde et magasins de pompes, réservoirs, tonneaux, seaux à incendie, machines et ustensiles de tout genre destinés à arrêter les incendies.

Ils concourent aux mesures de précaution en cas de débordements ou de débâcles.

Art. 7. Ils sont chargés de faire administrer les secours aux noyés.

Ils déterminent, à cet effet, le placement des boîtes fumigatoires et autres moyens de secours.

Ils accordent et font payer les gratifications et récompenses promises à ceux qui retirent les noyés de l'eau.

Art. 8. Ils font constater le cours des diverses denrées, fixent et rédigent les mercuriales, et font observer les taxes légalement faites et publiées.

Art. 9. Les communes subviendront aux services dont les Maires cessent d'être chargés dans la proportion des sommes qui y étaient antérieurement employées.

Pour déterminer cette proportion, il sera établi une moyenne des allocations portées aux budgets pour tous les services de police pendant les dix dernières années, en retranchant les deux années qui ont donné lieu à la dépense la plus élevée, et les deux années qui ont donné lieu à la dépense la moins élevée.

Il sera déduit du montant de cette moyenne la dépense des services dont les maires restent chargés ; la somme restant après cette déduction formera le contingent mis à la charge des communes.

Art. 10. Les Maires, Adjoints et Commissaires de police des communes de Villeurbane, Vaux, Bron et Venissieux, du département de l'Isère, Rillieux et Miribel, du département de l'Ain, sont placés sous les ordres du Préfet du Rhône pour toutes les attributions énumérées en l'arrêté des Consuls du 3 brumaire an IX, et non comprises parmi les attributions réservées aux Maires par les articles précédents.

Art. 11. Le Ministre de l'intérieur est chargé de l'exécution du présent décret.

Fait à Paris, à l'Élysée-National, le 4 septembre 1851.

Signé **LOUIS-NAPOLÉON BONAPARTE.**

ARRÊTÉ MINISTÉRIEL

RENDU LE **17 SEPTEMBRE 1851**, PAR M. LÉON FAUCHER,
MINISTRE DE L'INTÉRIEUR.

*Règlement portant organisation du service de police
de l'agglomération lyonnaise.*

(Exécution de la loi du 19 juin 1851) (1).

TITRE PREMIER.

§ Ier. — DISPOSITIONS GÉNÉRALES.

Art. 1er. L'agglomération lyonnaise, instituée par la loi du 19 juin 1851, comprend les villes et les communes ci-après désignées :

Dans le département du Rhône :
- Lyon,
- La Guillotière,
- La Croix-Rousse,
- Vaise,
- Caluire,
- Oullins,
- Sainte-Foy.

Dans le département de l'Isère :
- Villeurbanne,
- Vaux,
- Bron,
- Venissieux.

Dans le département de l'Ain :
- Rillieux,
- Miribel.

---

(1) Ce Règlement a été modifié dans un grand nombre de dispositions par diverses décisions du Préfet du Rhône. — On le mentionne ici comme pouvant dans son ensemble servir de point de départ.

Art. 2. Dans ces villes et communes, le Préfet du Rhône exercera, aux termes de la loi précitée et selon les règles qu'elle indi-
que, les pouvoirs attribués au Préfet de police par les arrêtés con-
sulaires du 12 messidor an VIII et 3 brumaire an IX.

Art. 3. En conséquence, et pour les communes de Lyon, de
La Guillotière, de La Croix-Rousse, de Vaise, de Caluire, d'Oullins et de Sainte-Foy, le Préfet du Rhône :

Délivrera les passe-ports pour l'intérieur et pour l'étranger ;
visera les passe-ports des voyageurs et les permissions ou congés
militaires ou des marins qui voudront résider ou séjourner dans
lesdites communes.

En outre :

Il délivrera les cartes de sûreté et les permis de séjour ;

Il fera exécuter les lois sur la mendicité et le vagabondage ; il
fera délivrer aux indigents sans travail, qui voudront retourner
dans leur domicile, les secours autorisés par la loi du 13 juin
1790 ;

Il aura la police des prisons et maisons d'arrêt, de force ou de
correction ; délivrera les permissions pour voir les détenus ;

Il aura la police des maisons garnies et des logeurs ; celle des
maisons de tolérance, en se conformant aux lois et règlements y
relatifs ;

Il prendra des mesures pour prévenir ou dissiper les attroupements, les coalitions d'ouvriers, les réunions tumultueuses ;

Il aura la police des théâtres, surveillera la distribution et la
vente des poudres et salpêtres ;

Il sera chargé de tout ce qui a rapport à la liberté du commerce, à la libre circulation des subsistances, à l'exécution des
lois sur la garantie et à l'inspection des orfévres et bijoutiers ;

Il exigera la représentation des patentes des marchands forains
et pourra se faire représenter celles des marchands domiciliés ; il
fera saisir les marchandises prohibées ; il aura la police des ports,
chantiers et lieux publics ; celle des voitures et établissements de
messageries ou de transports ;

Enfin, il fera exécuter par lui-même ou surveillera l'exécution
de toutes les lois et de tous les règlements de police et d'ordre
public.

Art. 4. Dans les communes de Villeurbanne, de Vaux, de
Bron, de Venissieux, de Rillieux et de Miribel, le Préfet du

Rhône exercera les mêmes fonctions, mais seulement pour ce qui concerne :

L'exécution des lois sur la mendicité et le vagabondage et la délivrance des passe-ports avec secours de route ;

La police des prisons et des maisons publiques, la répression des attroupements et la police des lieux publics, celle des réunions tumultueuses ou dangereuses pour l'ordre ;

La vente ou distribution des poudres et salpêtres ;

La sûreté du commerce ;

La police des approvisionnements ;

La délivrance du visa des passe-ports à l'étranger.

Art. 5. Dans les mêmes communes, et pour l'exécution des mesures qu'il prendra, en vertu de la loi du 19 juin, il aura sous ses ordres les maires et adjoints des communes et les commissaires de police, et correspondra avec eux, soit directement, soit par l'intermédiaire des officiers publics placés sous ses ordres.

Il pourra requérir immédiatement ou par ses agents la garde nationale desdites communes.

Art. 6. Si des conflits d'attribution ou des difficultés analogues viennent à s'élever dans la pratique, elles seront résolues conformément au règlement d'administration publique, rendu le 4 septembre de la présente année, dans le but de déterminer les attributions d'édilité et de police spéciale réservées aux maires de l'agglomération lyonnaise, par la loi du 19 juin 1851.

Art. 7. Le service ordinaire de police de Lyon et des communes de l'agglomération lyonnaise comprend :

1° Les commissaires de police ;

2° Les inspecteurs ;

3° Les agents de police ;

4° Le corps des sergents de ville.

§ II. — DES COMMISSAIRES DE POLICE ET DE LEURS ATTRIBUTIONS.

Art. 8. Le nombre des Commissaires de police de l'agglomération lyonnaise est porté à vingt-deux, savoir :

Un commissaire spécial, attaché à la Préfecture, à Lyon ;

Douze commissaires de quartier, à Lyon ;

Trois commissaires à La Guillotière ;

Deux pour La Croix-Rousse et Caluire ;

Un pour Oullins et Sainte-Foy ;

Un à Vaise ;

Un pour Villeurbanne, Vaux, Bron et Venissieux ;

Un pour Miribel et Rillieux.

Art. 9. Les commissaires de police de Lyon, de La Guillotière, de La Croix-Rousse, de Vaise et de Caluire auront chacun un secrétaire ou greffier.

Art. 10. Le commissaire attaché à la Préfecture de police de Lyon ne sera ni par son titre, ni par ses attributions, placé hiérarchiquement au-dessus de ses collègues ; son service spécial consistera à donner l'impulsion aux brigades de sûreté, à obtempérer aux réquisitions du Préfet, à recevoir les délégations de ce fonctionnaire, enfin à surveiller l'ensemble des opérations de la police, sans pouvoir jamais, à l'égard de ses collègues, agir par voie d'autorité, ce droit appartenant exclusivement au Préfet, au secrétaire général chargé de la police et aux magistrats compétents.

Art. 11. Les attributions des deux commissaires de La Croix-Rousse et Caluire seront ainsi réparties :

L'un aura pour circonscription la partie Est de ces territoires ; l'autre la partie Ouest. La limite entre les deux sera formée par la grande rue de La Croix-Rousse et le grand chemin de Caluire.

§ III. — DES INSPECTEURS DE POLICE ET DE LEURS ATTRIBUTIONS.

Art. 12. Il sera établi, dans l'agglomération lyonnaise, pour seconder le service et faciliter l'action de la police, six agents principaux, ayant le titre d'inspecteurs de police.

Art. 13. Ces inspecteurs seront sous les ordres du Préfet du Rhône, qui pourra, selon les besoins du service, les placer sous la direction immédiate du secrétaire général chargé de la police.

Art. 14. Ils seront nommés par le Ministre de l'intérieur.

Art. 15. En règle générale :

Un inspecteur de police sera attaché à la Préfecture du Rhône ; il y demeurera en permanence pour les besoins du service et pour faire face aux cas imprévus.

Un autre dirigera les mouvements de la brigade de sûreté dont il sera ci-après fait mention.

Un autre sera préposé à la surveillance de la prostitution.

Un autre à la surveillance de l'inspection des hôtelleries, auberges et maisons garnies.

Un autre à la surveillance de l'inspection des voyageurs, bateaux à vapeur, diligences, messageries, etc.

Un autre enfin conduira l'exploration de la banlieue et des communes limitrophes des départements de l'Ain et de l'Isère faisant partie de l'agglomération lyonnaise.

§ IV. — DES AGENTS DE POLICE.

Art. 16. Au-dessous des inspecteurs, il sera établi des agents de police, au nombre de quarante-huit.

Ils seront directement nommés par le Préfet du Rhône.

Art. 17. Les fonctions des agents de police consisteront à surveiller le maintien du bon ordre; à faire rapport aux commissaires ou aux inspecteurs de police près desquels ils seront placés de tout ce qu'ils verront de contraire à l'ordre, aux règlements ou aux lois; à conduire devant les magistrats compétents tout individu prévenu d'un délit, d'un crime ou de trouble, tapage ou autre fait contraire à la tranquillité, et surpris en flagrant délit, ou poursuivi par la clameur publique.

Art. 18. Les fonctions des agents de police ne seront point ostensibles; mais ces agents devront être commissionnés et porteurs d'une carte indicative de leurs fonctions et du droit qu'ils ont de requérir l'assistance de la force armée.

Art. 19. Ils ne devront recevoir ni déclarations ni plaintes, mais recueillir seulement avec soin et exactitude, des renseignements sur les contraventions, les délits et les crimes et sur leurs auteurs, et remettre ces renseignements à l'officier de police auquel ils se trouveront subordonnés.

Ils devront prêter secours et assistance aux commissaires de police et aux inspecteurs, et obtempérer à leurs réquisitions en tout ce qui concernera l'exercice de la police.

Art. 20. Un de ces agents sera attaché à chacun des douze commissaires de police de quartier de la ville de Lyon et des villes de La Guillotière, de La Croix-Rousse et de Vaise.

Dix autres formeront une brigade de sûreté, qui sera particulièrement chargée de la surveillance des malfaiteurs connus, des individus mal famés, des commerces illicites et des recherches qui exigent des précautions et de la subtilité.

Six autres agents visiteront les hôtels, auberges, logements garnis, et, en général, tous les lieux où se retirent les étrangers et la population flottante.

Six autres seront chargés de la surveillance des maisons de tolérance et des femmes publiques.

Huit seront employés à la police des voitures publiques et des bateaux à vapeur, à l'exhibition des passe-ports et à la reconnaissance des voyageurs suspects.

Art. 21. Lorsqu'il s'agira de surveiller la prostitution et les mœurs, les agents préposés à ce service devront être choisis parmi les hommes mariés, pleins de moralité et notoirement connus pour la régularité et la sévérité de leur conduite privée.

Si, nonobstant cette précaution, le service se faisait mal ou donnait lieu à des abus, l'autorité supérieure se montrerait rigoureuse à l'égard des agents qui auraient fait preuve d'incurie ou se seraient laissés corrompre.

Elle ne tolérerait chez ses agents aucune infraction aux règles de l'honnêteté ou de la morale. Sa surveillance à cet égard ne devra jamais se lasser.

§ V. — DU CORPS DES SERGENTS DE VILLE.

Art. 22. Le corps des sergents de ville sera composé de trois cent trois hommes, y compris les officiers, brigadiers et sousbrigadiers.

Les sergents de ville seront répartis en trois compagnies; chaque compagnie, forte d'environ cent hommes, sera subdivisée en brigades.

Chaque compagnie aura à sa tête un chef, désigné sous le nom d'officier de ville.

La brigade sera composée au moins de huit sergents de ville et d'un brigadier; les brigades de force supérieure auront, en outre, un ou plusieurs sous-brigadiers, lesquels, pour des services déterminés, commanderont un certain nombre d'hommes dont se composera la brigade. La force des brigades devra varier selon les nécessités de la surveillance; l'étendue des circonscriptions, le genre d'intérêts à protéger.

Art. 23. Le corps des sergents de ville se recrutera de préfé-
rence parmi les sous-officiers retirés du service. Il sera composé
d'hommes robustes, intelligents et que désigneront leurs antécé-
dents honorables.

Ils seront tenus de suivre des exercices gymnastiques et militaires ayant pour objet de les habituer à la partie de leur service
qui consistera à dissiper les attroupements, à arrêter les pertur-
bateurs et à envelopper comme dans un réseau les groupes for-
més en vue d'une émeute ou d'un désordre.

Ils seront astreints à une discipline militaire.

Art. 24. Les sergents de ville de Lyon auront un uniforme
semblable à celui que portent les sergents de ville de Paris.

Dans les cas spéciaux et sur l'avis de leurs chefs, ces agents
pourront fonctionner en habit bourgeois.

Ils seront armés.

De jour et de nuit, dans le service ordinaire, ils se borneront à
porter une épée au côté.

Lorsque leurs chefs jugeront convenable de leur en donner
l'ordre, en cas de péril ou d'agitation, les sergents de ville pourront, indépendamment de l'épée, porter un fusil ou une carabine.

Art. 25. Les sergents de ville seront placés sous la direction
immédiate du secrétaire général, chargé de la police. Ce fonctionnaire agissant sous l'autorité du Préfet, pourra toujours attribuer
aux commissaires de police et aux inspecteurs le nombre de brigades ou de sergents de ville qu'il jugera nécessaire.

Les commissaires de police ou les inspecteurs, selon l'occur-
rence, rendront compte au secrétaire général des incidents aux-
quels le service des sergents de ville pourra donner lieu.

§ VI. — SERVICE DES BRIGADES DE SERGENTS DE VILLE.

Art. 26. Il y aura des brigades de réserve et des brigades de
quartiers.

Art. 27. Les brigades de réserve feront un service fixe à la
Préfecture; elles formeront une réserve pour les éventualités;
elles seront chargées de l'exécution de tous les mandats politiques
émanant, soit du Préfet, soit de l'autorité judiciaire; elles sur-
veilleront les réunions et les attroupements; enfin, elles s'acquit-

teront d'une mission de contrôle pour ce qui concernera le service des brigades de quartiers.

Art. 28. Le nombre des sergents de ville qui formeront les brigades de réserve sera au moins de vingt, non compris les brigadiers et sous-brigadiers.

Un poste de vingt hommes, au moins, sera toujours établi à la Préfecture, pour les besoins du service.

Art. 29. Le service ordinaire des brigades de quartiers comportera la surveillance de la voie publique, l'exécution des règlements concernant la grande voirie, le maintien de l'ordre et de la liberté de circulation ; il réprimera les contraventions, mettra fin aux querelles, aux collisions et aux rixes ; il obtempérera aux réquisitions des habitants dans un but d'utilité publique, protégera les citoyens contre toute attaque, mettra en état d'arrestation tout coupable de crimes ou délits ; enfin, assurera sur tous les points la sûreté générale et fera naître la confiance par la présence incessante des agents de l'autorité.

Chacune de ces brigades aura à parcourir le quartier qui lui sera spécialement indiqué pour le service permanent.

Art. 30. Elles fourniront les hommes et les patrouilles nécessaires pour le service de nuit. Ce service sera réglé de telle sorte qu'il pèse indistinctement à tour de rôle sur tous les sergents de ville, afin qu'aucun de ces agents n'en soit exonéré, au détriment des autres.

Les agents chargés du service de nuit veilleront, dans l'intérêt de la morale publique, à ce que les règlements concernant la prostitution soient strictement observés : ils s'abstiendront, toutefois, de pénétrer dans les maisons de tolérance, lorsqu'ils ne seront pas requis de s'y porter pour rétablir la sécurité et l'ordre, cette partie du service devant concerner les inspecteurs et agents ordinaires de police dont il a été question.

Art. 31. Le service des brigades sera déterminé de manière à ce qu'il se fasse convenablement sur tous les points de l'agglomération lyonnaise. Les sergents de ville, dûment requis, devront donc se porter dans tous les lieux de l'agglomération où des circonstances exceptionnelles motiveraient leur présence et concourir alors aux services différents que l'intérêt de la police réclamerait.

En cas d'inondation, d'incendie ou de tout autre danger public, ils donneront l'alarme et, s'il est possible, porteront les premiers secours.

Art. 32. Lorsque, dans l'intérêt de l'ordre, on aura rassemblé sur un point donné, soit une ou plusieurs compagnies, soit une ou plusieurs brigades, le commandement appartiendra à l'officier de police, et (à défaut de tout agent de ce grade), au brigadier le plus ancien dans le service qui se trouvera présent sur les lieux.

Art. 33. Indépendamment du poste de réserve établi à la Préfecture, il y aura, à Lyon, plusieurs postes fixes assignés aux sergents de ville. Ces postes seront au moins au nombre de quatre.

Chacun de ces postes sera pourvu d'un lit de camp et d'un lieu de détention cellulaire, renfermant quatre à cinq cellules.

TITRE DEUXIÈME.

§ Ier. — DIRECTION DU SERVICE DE LA POLICE MUNICIPALE.

Art. 34. Pour tout ce qui concerne la police municipale de l'agglomération lyonnaise, et en maintenant les règles ci-dessus déterminées, les fonctions de chef de cette police sont attribuées, sous l'autorité du Préfet du Rhône, au secrétaire général institué par la loi du 19 juin 1851.

Art. 35. Le Préfet du Rhône est autorisé, selon les nécessités du service, à modifier dans quelques détails la répartition d'attributions et de fonctions indiquée au présent règlement. Si les changements qu'il introduira à cet égard dans le service ont un caractère fixe et permanent, il en donnera avis au Ministre de l'intérieur, et lui proposera de modifier définitivement les dispositions qui auront paru défectueuses.

DÉCRET

RELATIF A LA COMMUNE DE LYON,

(*du 24 mars 1852.*)

LOUIS-NAPOLÉON, Président de la République française,

Sur le rapport du ministre de l'Intérieur;
Le conseil d'État entendu,

DÉCRÈTE :

Art. 1er. Les communes de la Guillotière, la Croix-Rousse et Vaise sont réunies à la commune de Lyon.

Art. 2. Il sera statué par une loi spéciale sur la composition et le mode de nomination des membres du conseil municipal de Lyon.

Provisoirement, une commission municipale de trente membres, nommée par le Président de la République, remplit les fonctions du Conseil municipal. Elle est présidée par un de ses membres, désigné par le Président de la République.

Art. 3. Le Préfet du Rhône administre la commune de Lyon; il assiste aux séances de la commission municipale.

La commission municipale ne s'assemble que sur la convocation du Préfet, elle ne peut délibérer que sur les questions que lui soumet le Préfet et lorsque la majorité de ses membres assiste à la séance.

Art. 4. La commune de Lyon est divisée en cinq arrondissements municipaux, conformément au plan annexé au présent décret.

Art. 5. Dans chacun des arrondissements municipaux de la commune de Lyon, il y aura un Maire et deux Adjoints.

Ils seront chargés de la tenue des registres de l'état civil; leurs autres attributions seront déterminées par un règlement d'administration publique.

Art. 6. Les communes réunies par l'article 1er ci-dessus conservent provisoirement les rayons actuels de leurs octrois et les tarifs d'après lesquels ils sont perçus actuellement.

Les contributions directes et indirectes dont le taux est déterminé à raison de la population continueront provisoirement à être établies, dans ces communes, d'après la population particulière de chacune d'elles.

Art. 7. Les autres conditions de la réunion seront déterminées par un décret, conformément au titre premier de la loi du 18 juillet 1837.

Art. 8. Les communes de Villeurbanne, Vaux, Bron et Venissieux sont distraites du département de l'Isère et réunies au département du Rhône.

Elles feront partie du canton de la Guillotière.

Art. 9. Les dispositions de l'article premier de la loi du 19 juin 1851 sur l'agglomération lyonnaise, sont applicables aux communes de Saint-Rambert, Villeurbanne, Vaux, Bron et Venissieux.

Art. 10. Les dispositions des lois antérieures, et notamment de la loi du 19 juin 1851, qui seraient contraires au présent décret, sont abrogées.

Art. 11. Les Ministres de l'intérieur et des finances sont chargés, chacun en ce qui le concerne, de l'exécution du présent décret.

Fait au Palais des Tuileries, le 24 mars 1852.

Signé LOUIS-NAPOLÉON.

Paris. Imprimerie Paul Dupont, rue de Grenelle-Saint-Honoré, 45.